AF404518

RECHERCHES BIOGRAPHIQUES

SUR LES

TROUVÈRES ARTÉSIENS,

PAR

A. GUESNON.

I. PIERRE DE CORBIE.
II. ADAM DE GIVENCHY.
III. SIMON D'AUTHIE.
IV. GILES LE VINIER.
V. GUILLAUME LE VINIER.

PARIS

—

1895

RECHERCHES BIOGRAPHIQUES

SUR LES

TROUVÈRES ARTÉSIENS,

PAR

A. GUESNON.

I. PIERRE DE CORBIE.
II. ADAM DE GIVENCHY.
III. SIMON D'AUTHIE.
IV. GILES LE VINIER.
V. GUILLAUME LE VINIER.

PARIS

—

1895

RECHERCHES BIOGRAPHIQUES

SUR

LES TROUVÈRES ARTÉSIENS,

PAR

M. A. GUESNON,

CORRESPONDANT DU MINISTÈRE.

Extrait du *Bulletin historique et philologique*, 1894.

Un littérateur distingué de Valenciennes, Arthur Dinaux, publiait, il y a cinquante ans, dans son volume des *Trouvères artésiens*, la suite de ses recherches sur les anciens poètes des provinces du nord [1].

OEuvre de vulgarisation, élégamment traitée, d'une érudition agréable, le livre fut accueilli avec faveur, et son succès ne se ralentit que le jour où parut, dans l'*Histoire littéraire de la France*, le grand travail d'ensemble dû à la savante collaboration de MM. P. Paris, V. Le Clerc et Littré [2].

Le demi-siècle écoulé depuis lors a vu s'accomplir une transformation profonde dans ces études de langue et de littérature du moyen âge.

Grâce aux immenses progrès de la science grammaticale, au dépouillement minutieux des recueils conservés en France et à l'étranger, à l'invention de procédés ingénieux pour établir la filiation des manuscrits, les vieux textes français sont aujourd'hui vérifiés, restitués, commentés avec une sûreté de méthode, une pénétration de critique jadis inconnues, qui honorent grandement les maîtres de notre école contemporaine de philologie.

L'œuvre des chansonniers d'Arras a largement bénéficié de leur enseignement, ainsi que des recherches provoquées par leurs travaux, en deçà de la frontière et au delà.

---

[1] La publication de Dinaux procède des travaux de M. P. Paris; elle eut pour inspirateur le *Romancero français* (1833), et pour guide, les *Manuscrits français de la Bibliothèque du Roi* (1836-1848). Outre les *Trouvères artésiens* (1843), elle comprend les *Trouvères cambrésiens*, les *Trouvères de la Flandre et du Tournésis*, les *Trouvères brabançons*, hainuyers (1837-1841-1863).

[2] T. XXIII, 1856.

Après les savants déjà cités, il suffit de dire qu'elle a rencontré dans MM. A. Scheler [1], Louis Passy [2], Gaston Raynaud [3], des interprètes d'une compétence exceptionnelle.

La Société des anciens textes vient de lui donner, à son tour, une marque d'estime singulière en publiant par la phototypie l'un de nos plus anciens recueils de chansons.

On voit quel intérêt de curiosité s'attache à ces monuments primitifs de notre littérature nationale. Que serait-ce donc si l'on pouvait éclaircir tous les mystères de leurs origines et reconstituer les milieux où ils ont pris naissance !

Sous ce rapport, il faut l'avouer, les résultats sont loin d'être aussi brillants. La philologie a marché d'un tel pas, que l'histoire n'a pu la suivre : on peut dire que celle de nos poètes chansonniers n'existe pas.

A part certains personnages connus à d'autres titres, bien rares sont ceux dont les notices littéraires répondent aux trois questions suivantes : quand vivait-il ? où résidait-il ? qu'était-il ? Chronologie, géographie, biographie, tout leur fait défaut.

Comment songer alors à suivre les progrès de l'art, à saisir les différences des dialectes, à tracer l'évolution du langage ? N'est-il pas vrai que, dans de telles conditions, toute critique manque de base ?

Ce n'est pas qu'on ne se soit efforcé de l'asseoir sur des données positives : les moindres indications historiques contenues dans les manuscrits ont été savamment relevées, discutées, commentées; mais cette exégèse n'a guère conduit qu'à de vagues approximations, quelquefois à d'ingénieuses conjectures, il est vrai, mais aussi à certaines interprétations indûment systématisées.

C'est ainsi, par exemple, que les nombreux synchronismes des chansons et des jeux-partis ont donné matière aux supputations les plus diverses. Le moyen, en effet, de fixer, sans points de repère, des dates qui flottent entre les limites extrêmes de durées communes à plusieurs coexistences elles-mêmes indéterminées !

Les données géographiques tirées des noms n'offrent pas non plus une certitude absolue. L'indication, applicable à l'ancêtre,

---

[1] Aug. Scheler, *Trouvères belges*, Bruxelles, 1876. Nouv. série, Louvain 1879.

[2] *Fragments d'histoire littéraire*, Bibl. de l'École des ch., 4ᵉ série, V, 1859.

[3] *Les Chansons de Jean Bretel*, Bibl. de l'École des ch., XLI, 1880. *Les Congés de Jean Bodel*, Romania, IX, 1880. *Recueil de motets français*, 1883.

peut devenir patronymique, et alors elle ne donne plus le lieu de naissance des descendants, encore moins leur domicile. Il en est ainsi de toutes les autres qualifications onomastiques interprétées dans un sens individuel.

Les titres personnels ne présentent pas une garantie meilleure. On veut que l'appellation de « sire » et « messire » caractérise exclusivement une condition nobiliaire, un chevalier; il est cependant facile de constater qu'elle précède assez généralement le nom d'un prêtre, parfois même celui d'un bourgeois notable [1].

Quant à prétendre que le titre de « maître » désigne « des trouvères issus de la bourgeoisie » [2], c'est là une assertion qui ne saurait être justifiée : le témoignage unanime des documents prouve, au contraire, que les usages du temps l'attribuaient aux chanoines gradués, aux clercs praticiens, aux médecins [3], aux architectes [4].

Enfin, conclure de l'absence de toute qualification qu'on a sous les yeux le nom d'un simple jongleur [5] serait courir les risques d'une méprise, car il est certain que la nomenclature des poètes non qualifiés comprend des gens d'église, dont rien jusqu'ici n'a pu faire soupçonner la condition.

On a trop demandé aux manuscrits de nos chansonniers; ils ne

[1] Le « seigneur Audefroi » du Congé de Baude Fastoul (v. 550), un nom fréquent parmi les juges des jeux-partis, figure avec cette même qualification dans une liste d'échevins d'Arras, de l'an 1213. Un titre de 1248 mentionne sire Simon de Lens, sire Thibaut Warnier, sire Rainier li queus, sire Vaas Piédargent, parmi les sergeants héréditaires de l'abbaye de Saint-Vaast. Sire Wicars li Marescaus, sire Nicole du Castel, bourgeois d'Arras, figurent dans un acte de 1252, en compagnie de sire Thomas de Borriane, celui-là même que nous voyons, dans le *Jeu de la Feuillée*, tombé au bas de la roue de Fortune (v. 804).

[2] *Histoire littéraire*, XXIII, 597.

[3] Voir *Jeu de la Feuillée*, v. 205, 227, 235, 245, 1004. Comp. v. 253, 275.

[4] Magister Wilkorus Tenif(?) avait inscrit son nom, qu'on n'a pas su lire, sur le frontispice de la porte Ronville, à Arras, construite par lui sous Philippe d'Alsace (1169-1191). — Maître Pierre de l'Abbaye avait fait la « maistrie » de la porte Saint-Nicholas, après la bataille de Bouvines(1214). — J'ai signalé récemment à la Commission historique un architecte de la cathédrale d'Arras en 1235, « magister Balduinus Cementarius dictus magister fabrice ecclesie B. Marie Attrebatensis. » Maçons et charpentiers, la tradition du « magister » se perpétue dans les corporations du bâtiment. Les cinq membres de la commission technique dite « des héritages », prenaient tous ce titre en 1318 : maître Jacques de Berneville, maître Jacques de Beaumont, maître Pierre de Fosseux, etc. — (Arch. de l'hôpital de Saint-Jean-en-l'Estrée d'Arras).

[5] Bibl. de l'École des ch. 4° série V, 466-467.

peuvent fournir seuls les indications précises également indispensables à l'histoire et à la critique. Si donc il reste quelque chance de se les procurer, c'est à la condition de les chercher ailleurs, au hasard de la découverte, dans un dépouillement attentif et aussi complet que possible des autres documents contemporains.

Telle est la tâche que je me suis imposée dans un cercle restreint, et, bien qu'elle soit loin d'être remplie, j'ai pensé qu'il pouvait ne pas être inopportun de faire connaître dès maintenant les résultats d'une première enquête.

Elle porte sur un groupe de cinq trouvères artésiens :

1° Pierre de Corbie; 2° Adam de Givenchy; 3° Simon d'Authie; 4° Giles le Vinier; 5° Guillaume le Vinier.

I. Pierre de Corbie se présente d'abord, avec trois saluts d'amour, trois chansons et deux pastourelles. Omis par Dinaux, l'*Histoire littéraire* en l'enregistrant, se borne à renvoyer le lecteur aux généalogies nobiliaires du P. Anselme : elle ignore sa date, son lieu, sa profession [1].

Cette lacune peut être comblée.

«Magister Petrus de Corbeia» était chanoine de Notre-Dame d'Arras à la fin du XII° siècle. Il figure comme témoin, en janvier 1188 (v. st.) dans une charte de Pierre, évêque d'Arras, concernant les alleux de l'abbaye de Loos-lez-Lille [2].

«Magister Petrus de Corbeia, canonicus Attrebatensis ecclesie» est mentionné de nouveau : en 1191, dans une charte du même évêque, relative à la fondation d'une chapellenie dans l'église cathédrale d'Arras [3].

Enfin, son nom se retrouve, en juillet 1195, au bas d'une troisième charte par laquelle l'évêque confirme à l'abbaye de Saint-Vaast la propriété de la dîme de Simencourt [4].

Maître Pierre n'était pas prêtre, il mourut simple diacre. L'obituaire de l'église inscrit l'anniversaire du chanoine chansonnier au 26 novembre avec commémoration de son père et de sa mère le lendemain [5].

---

[1] *Hist. litt.*, XXIII, 680.
[2] Arch. dép. du Nord- F. Abbaye de Loos, 1ᵉʳ carton. Orig., *De allodiis de Coisnes.*
[3] Bibl. nat., nouv. acq. lat., 1121.
[4] Cart. de Saint-Vaast (Guiman), copie de l'évêché. Supp. n° 527.
[5] Bibl. d'Arras, Ms. 740.

L'époque de sa mort est inconnue [1].

Nous n'avons trouvé jusqu'ici aucune trace du chanoine dans les chartes du XIII° siècle. Cependant, nous devons signaler un certain Petrus de Corbeia, que l'architecte Villard de Honnecourt nous dit avoir collaboré avec lui au plan d'un chœur d'église dessiné dans son album : « Istud presbiterium invenerunt Ulardus de Hunecourt et Petrus de Corbeia [2]. »

Puisque Villard de Honnecourt a dû construire l'abside de la cathédrale de Cambrai vers 1230, il n'y aurait rien d'impossible à ce qu'il eût connu alors, à plus forte raison auparavant, un clerc d'Arras pourvu d'un canonicat dès 1188.

Si le fait était constaté, tout porterait à croire que notre « magister » Petrus de Corbeia était lui-même architecte.

Malheureusement, rien ne confirme encore la vraisemblance de cette identification ; il se peut que l'ami de Villard soit simplement un homonyme du chanoine d'Arras, il convient donc de réserver la question.

II. ADAM DE GIVENCHY eut avec le précédent des relations poétiques. On a publié ses chansons, ses descorts, ses jeux-partis ; personnellement, on n'a pu ni le dater, ni l'identifier.

D'après l'auteur de sa notice dans l'*Histoire littéraire*, « Adam de Givenci était chevalier, comme le prouve le titre honorifique de « messire » placé devant son nom dans les manuscrits. » Dinaux et M. L. Passy sont du même avis [3].

C'est une erreur ; Adam n'était pas chevalier, il était homme d'église, comme Pierre de Corbie, son confrère en cléricature et en poésie légère. Il est cité dans deux chartes de mai et juillet 1230, avec la qualité de clerc de l'évêque « clericus noster » [4].

[1] L'*Hist. litt.*, 682, signale les vers :

> Limonnier, del mariage
> Hanet me convient penser.

Le premier nom doit sans doute se lire Li Monnier et pourrait être le même personnage que Le Monoier du *Congé de Bodel*, v. 397.

[2] J.-B.-A. Lassus, *Album de Villard de Honnecourt*, Paris, 1858. G. Paris, *Hist. litt.*, XXV, 1.

[3] *Hist. litt.*, XXIII, 522. Bibl. de l'École des ch., 4° série, V, 15. Dinaux, *Trouv. Art.*, 43-45.

[4] La première est une ratification de la dîme de Moiri à l'église de Cambrai. « P. dei gratia Attrebatensis episcopus, etc. Noverit universitas vestra quod *Adam*

Un acte de procédure de 1232, dont il sera question plus loin, nous dit qu'il fut le commensal et le mandataire officiel du prélat « quem certum nuntium episcopi esse constaret et ejus clericum commensalem ».

A dix ans de là, nous retrouvons Adam de Givenchy, prêtre et chapelain de l'évêque, ainsi qu'il appert d'une sentence arbitrale rendue, le lendemain de Quasimodo 1243, au profit de l'abbaye des Prés-lez-Douai, contre les moines d'Anchin. Il y prend le titre de « dominus » que les chartes antérieures ne lui donnent pas : c'est le « messire » des manuscrits, auquel les historiens de nos trouvères ont attribué une portée trop exclusivement nobiliaire et chevaleresque [1].

En 1245, Adam de Givenchy semble ne plus être le chapelain de l'évêque, tout au moins en a-t-il échangé le titre contre celui de doyen de Lens qu'il portera désormais dans les actes.

Il se qualifiait ainsi, cette même année, au concile général de Lyon, où il remplaça comme procureur, avec Mᵉ Jean d'Oisy, chanoine d'Arras, l'évêque Asson excusé par le pape [2].

Adam n'en continuait pas moins de résider à Arras, près du palais épiscopal, comme nous autorise à le croire certain procès-verbal dressé en 1268 dans les circonstances que voici :

Une contestation s'étant élevée entre l'évêque et l'abbaye de

de Juvenchi, clericus noster, de speciali mandato nostro, missus ad hoc loco nostro, presens fuit apud Moiri, ubi Beatrix vidua, accepto advocato, de assensu Wichardi domini sui, per judicium hominum ejusdem W. parium ipsius B., heredis Assonis de Sappegnies, per assensum advocati ipsius B. videlicet Hauini de Bapalmes, et assensu advocati Marie filie B., scilicet Walteri Mauroi mariti sui..... approbavit elemosinam ab Assone factam de decima quam tenebat apud Moiri in feodum de memorato W. domino suo..... et reportavit per ramum et cespitem super altare ecclesie de Moiri, ad opus ecclesie Cameracensis..... Actum a. g. Mᵒ CCᵒ. tricesimo mense maio.» (Arch. dép. du Nord, F. Cath. de Cambrai, copie dans un rôle de parchemin de 1301. — Bibl. nat., F. latin, 1110. Artesium, fᵒ 46ᵛᵒ.)

La seconde est la ratification par cette même Béatrice, sœur de feu Asson de Sapignies du don par lui fait à l'abbaye de Saint-Vaast de la dîme dudit Sapignies, 1230, juillet. (Cartul. de Saint-Vaast, copie de l'évêché, supp. nᵒ 480.)

[1] Universis presentes litteras inspecturis, magister Johannes de Porta, canonicus Attrebatensis et dominus Adam de Juvenchi, capellanus domini episcopi Attrebatensis, salutem in domino. Noverit universitas vestra quod cum questio verteretur inter abbatem et conventum Acquicinctensem ex una parte, abbatissam et conventum de Pratis juxta Duacum Cisterciensis ordinis ex altera, coram judicibus a sede apostolica delegatis, etc., 1243, in crastino Quasimodo. (Arch. du Nord, F. Abb. des Prés, 2ᵉ carton. Orig.)

[2] Voir la lettre d'Innocent IV, suivie d'une pièce justificative, p. 16, en note.

Saint-Vaast, par rapport à la juridiction de la rue des Maulx en Cité, l'affaire fut portée en cour de Rome. Le pape nomma des juges commissaires et lança une bulle défendant strictement aux parties de procéder devant les tribunaux laïques.

Le chanoine d'Amiens, Mathieu de Ghebienfay, fut chargé de la leur signifier [1]. Lorsqu'il se présenta au palais de l'évêque, celui-ci fit répondre qu'il avait la fièvre tierce, et donna ordre à son camérier et à son écuyer, « armigero », de lui interdire l'entrée de ses appartements [2].

Le mandataire apostolique insista, voulut forcer la consigne, en référa à l'official et à messire Adam de Givenchy, doyen de Lens, « domino Adam de Juvenciaco, decano de Lens »; mais tout fut inutile, l'évêque resta inabordable.

A l'abbaye de Saint-Vaast, on lui fit un meilleur accueil; là, du moins, il put remplir son mandat sans obstacle. Le surlendemain, avant de partir d'Arras, il voulut tenter un dernier effort et se présenta à l'évêché : cette fois encore, les deux officiers de la cour épiscopale se montrèrent inflexibles, et lui répondirent par un refus catégorique.

Néanmoins, messire Adam de Givenchy s'empressa d'accompagner le chanoine à la cathédrale, et là, déployant un papier qu'il avait à la main, il se mit en devoir de lui en donner lecture : c'était un plaidoyer pour l'évêque sur le fond même du litige. Fidèle à son mandat, Mathieu de Ghebienfay refusa de l'entendre, et convaincu que son interlocuteur ne cherchait qu'à éluder les ordres du pape, il lui adressa une dernière sommation; puis, lui délivrant copie de la bulle, il assigna l'évêque à deux mois devant le souverain pontife.

A partir de 1268, on n'entend plus parler du doyen de Lens. Il est vraisemblable que ce curieux procès marque la fin de sa carrière [3]. Elle fut remarquablement longue, puisque, après avoir été

---

[1] V. Aug. Thierry, *Monum. inéd. Tiers état*, III, 448.

[2] Le procès-verbal de cette curieuse affaire a été copié par D. Queinsert pour la collection Moreau. On le trouve Reg. 191, p. 228. La longueur de la pièce ne permet pas de l'insérer ici.

[3] Son nom ne figure pas dans les obituaires de la cathédrale d'Arras, mais je l'ai relevé dans l'obituaire de Notre-Dame de Lens. Ce ms. appartenait à M. de Lafons de Mélicoq; il fut acheté à sa vente par M. Dancoisne, dont la bibliothèque

le contemporain de maître Pierre de Corbie, il était devenu celui
d'Adam de la Halle.

Adam de Givenchy n'en appartient pas moins, comme poète,
à la première moitié du xiii° siècle. Il se rattache étroitement
au groupe des chansonniers que nous étudions : nous en avons
la preuve, non seulement dans le témoignage de leurs échanges
poétiques, mais encore dans le souvenir de certaines relations
professionnelles dont il sera question à propos de Simon d'Authie.

III. Simon d'Authie doit à une note de D. Grenier, trouvée par
M. P. Paris, sa réintégration dans le corps ecclésiastique : il était
chanoine d'Amiens « magister Simon de Alteia, vir litteratissimus,
hujus ecclesie canonicus» [1].

M. Louis Passy a publié, de son côté, un jeu-parti adressé par
Giles le Vinier à maître Simon [2], d'où la conclusion bien naturelle
qu'ils eurent ensemble des rapports littéraires. Mais où ? à quelle
époque ? — c'est ce qu'on ne dit pas.

Nous possédons heureusement, pour nous édifier sur ce point,
toute une série de documents qui complètent la biographie du chanoine chansonnier, en même temps qu'ils nous montrent le personnage sous un aspect entièrement nouveau.

Une des copies manuscrites de l'ancien cartulaire de Saint-Vaast
d'Arras comprend, comme annexe, une cinquantaine de pièces de
procédures afférentes à quatre procès soutenus par l'abbaye au
commencement du xiii° siècle [3].

Les trois premiers, contre les échevins d'Arras, ont rapport à
la perception du tonlieu, d'une part, d'autre, à la juridiction de
l'abbaye sur les fiefs de sa mouvance compris dans la banlieue.

Dans ces trois instances, la première introduite en 1222, la
dernière jugée en janvier 1226 (v. st.), l'avocat de Saint-Vaast fut
« magister Simon de Alteia ».

Ses plaidoiries nous ont été conservées — du moins, le résumé que
l'avocat remettait au tribunal avant la clôture des débats — sous

a été vendue à Paris en 1874. Il est maintenant au British Museum, n° 30047.
— A. Molinier, *Les Obituaires au moyen âge.* Paris, 1890.

[1] *Hist. litt.,* XXIII, 758.

[2] Bibl. de l'École des ch., 4° série, V, 316.

[3] Cette copie du Cartul. de Guiman appartient à la bibliothèque de l'évêché.
Elle date du xvi° siècle et comprend toutes sortes d'additions supplémentaires.

les rubriques « Rationes » et « Magnæ allegationes » [1]. Il est très
vraisemblable qu'il avait seul dirigé toute la procédure, et que, par
conséquent, le « Libellus », les « Positiones » et les « Responsiones »
de l'abbaye sont également son œuvre.

Maître Simon fait preuve dans ces discussions de toute la subti-
lité d'un clerc praticien, jointe à une connaissance approfondie
des autorités canoniques; aussi gagna-t-il ses trois procès, le dernier deux fois, en première instance et en appel.

L'abbaye de Saint-Vaast se montra reconnaissante envers son
clerc, « clerico nostro »; elle récompensa son zèle et son talent d'avocat en constituant à son profit une pension viagère annuelle de cinquante livres parisis.

Ce titre a été publié *in extenso*, il y a trente ans, en même temps
que les sceaux du chansonnier clerc de l'abbaye de Saint-Vaast,
l'un de 1223, alors qu'il n'était que chanoine, l'autre de 1228,
avec le titre de doyen du chapitre d'Amiens [2].

Cette promotion à une dignité capitulaire, qu'il semble d'ailleurs
n'avoir pas conservée, ne changea rien aux relations professionnelles
de maître Simon avec l'abbaye, comme le prouve son intervention
dans un nouveau procès qu'elle eut à soutenir, en 1232, contre le
chapitre d'Arras.

Le conflit éclata à propos d'une *feuillée*, autrement dit un reposoir, que les chanoines avaient construit, malgré les moines, sur
une des places d'Arras, afin d'y exposer leurs reliques à la vénéra-
tion des fidèles [3].

---

[1] Voir sur la procédure canonique, *Les officialités au moyen âge*, Paris, 1880,
où M. Paul Fournier a traité la question de main de maître.

[2] A. Guesnon, *Sigillographie de la ville d'Arras* (1865), p. 35. — Le sceau
et la pièce de 1228 ne permettent aucun doute sur le décanat de Simon d'Authie.
Les frères de Sainte-Marthe l'avaient catalogué d'après Louvet, Hémeré et Labbe,
sous le nom mal lu de Simon de *Arceia*. Dans la nouvelle édition de la *Gallia* les
bénédictins l'ont indûment rayé de la liste des doyens de l'église d'Amiens. Toute-
fois, il est à noter que l'article nécrologique cité par D. Grenier ne lui donne pas
ce titre, non plus que l'acte publié par nous. Si, d'autre part, le décanat d'En-
guerran de Heilly est constaté aux dates de 1225 et de 1230, il faudrait nécessai-
rement en conclure qu'en 1228, Simon ne fut, de fait, qu'un doyen intérimaire.
Voir *Gallia*, X, 1218.

[3] Factum de domo destructa ad reponendum capsam B. Mariæ in platea
Sancti Joannis de Rotunda villa, quæ vocatur *follye*, per monachos S. Vedasti, quam
canonici Atrebatenses construxerant contra voluntatem ecclesiæ B. Vedasti. — Cart.
de Saint-Vaast, copie de l'évêché, n° 92.

Après d'inutiles protestations, les moines exaspérés convoquèrent leurs barons, le châtelain d'Arras en tête, et, protégés par eux contre la sourde hostilité de la foule, ils se ruèrent sur le reposoir et le démolirent.

Les chanoines, surpris, durent battre en retraite; mais, dès le lendemain matin, reprenant l'offensive, ils vinrent planter sur le champ de bataille la tente des tisserands d'Arras [1].

Dès ce moment, ils purent attendre sans être inquiétés l'arrivée de leurs vassaux. Ceux-ci s'assemblèrent en armes, le reposoir fut rétabli et gardé militairement jusqu'à la fin de l'exposition.

Entre temps, l'évêque avait fulminé l'excommunication contre le châtelain d'Arras et les autres hommes féodaux de Saint-Vaast, coupables d'avoir tenu la foule en respect, non sans distribuer quelques horions, pendant que les moines saccageaient le reposoir [2].

Les excommuniés se pourvurent aussitôt devant le métropolitain; maître Simon d'Authie plaida leur cause, l'excommunication fut levée [3].

Ce nouveau procès, comme les autres, nous a conservé les «Rationes» et les «Allegationes juris et facti» rédigées par le clerc chansonnier, que notre texte désigne ainsi : «Magister Simon de Alteia, vir peritissimus in jure et in aliis facultatibus, clericus ecclesie S. Vedasti, canonicus Ambianensis [4].»

---

[1] ...In vigilia sancti Pentecostes, circa horam nonam, cum domus illa ad plenum non esset adhuc facta, nec in ipsa sanctuarium deportatum, cum prædicti canonici domum illam cum multitudine operariorum perficere festinarent, prædictam domum adhuc imperfectam [abbas et conventus] per monachos suos dirui fecerunt et penitus demoliri. Quo facto, prædicti canonici in die sancto Pentecostes in dicta platea fixerunt tentorium textorum Atrebatensium, et ipso die ibidem capsam suam violenter adportarunt cum multitudine armatorum. (*Ibid.*).

On a traduit «tentorium textorum Atrebatensium» par «une tente de *tapisserie*» et soutenu cette erreur manifeste. *Bulletin de la Commiss. histor. du Pas-de-Calais*, I. 307. — *Mémoires de la Commission*, I, 197. — La tente faisait partie de l'attirail militaire des guildes communales; celle des tisserands d'Arras figurait encore dans leur inventaire mobilier en 1396. (Arch. comm. d'Arras, Mém. III.).

[2] Castellanus et alii parcum faciebant ne turba superveniens impediret monachos.... comminando quibusdam et verberando quosdam qui loquebantur contra monachos qui dictam domum destruebant. — Turbam arcebant... ne in monachos manus injicerent violentas... qui de turba nec servi, nec vassali erant capituli, nec a capitulo missi... — Cartul., loc. cit., n° 99. *Rationes magistri Simonis de Alteia*.

[3] *Ibid.*, n° 99.

[4] *Ibid.*, n° 98.

Grâce aux parchemins du greffe de Saint-Vaast, nous savons maintenant que le poète était doublé d'un avocat; et leurs révélations ne s'arrêtent pas là.

Nous trouvons en effet, dans ces mêmes documents, deux autres indications précieuses : la première est une allusion au rôle joué dans l'affaire par Adam de Givenchy, le « clericus episcopi commensalis », détail professionnel, avec date certaine, déjà relevé plus haut; la seconde est la mention d'un troisième personnage non moins cher aux muses artésiennes, qu'une circonstance aussi heureuse qu'imprévue réunit ici à ses deux confrères : c'est le trouvère Giles le Vinier [1].

Il faut convenir que, pour notre biographie littéraire, cette triple rencontre est une véritable aubaine.

IV et V. Giles le Vinier et Guillaume le Vinier. — Le premier est nommé deux fois dans les procédures de 1232, qui l'associent au clerc de l'évêque, sans dire à quel titre, dans l'accomplissement de certaines formalités de l'excommunication. Il semblait donc qu'il fût un des suppôts de l'évêque ou du chapitre, et l'on pouvait dès lors présumer que son souvenir avait dû survivre quelque part ailleurs dans nos archives ecclésiastiques [2].

On l'y a effectivement retrouvé, et, qui plus est, dans un grand nombre de documents, si bien que nous sommes à même, aujourd'hui, de rétablir dans leur cadre historique deux autres de nos chansonniers, qui brillent au premier rang parmi leurs contemporains, et de contrôler en même temps la valeur des conjectures par lesquelles leurs biographes essaient de suppléer au manque de données positives.

Giles le Vinier était fils de Philippe [3]; sa mère s'appelait Alent « Alendis » [4]; il eut des frères et des sœurs, parmi lesquels

---

[1] Dinaux, *Trouvères artésiens*, 222. — *Hist. litt.*, XXIII, 589-598.

[2] *Ibid. Rationes*, n° 103.

[3] vi non. Julii : Obitus Philippi Vinarii pró quo magister Egidius Vinarius, filius ejus, concanonicus noster, dedit nobis iii menc. annone ex decima de Avesnis. — Bibl. d'Arras, ms. 740.

[4] xviii kal. sept. : Obitus Alendis, matris magistri Egidii Vinarii concanonici nostri, pro qua idem Egidius nobis dedit annuatim iii menc. annone. — Bibl. d'Arras, ms. 424.

Guillaume le Vinier, son émule en poésie[1] et peut-être aussi Jean le Vinier, échevin d'Arras en 1248 [2].

Giles nous apparaît pour la première fois dans trois actes du 21 décembre 1225, relatifs à l'acquisition faite par lui de terres et redevances à Wanquetin [3].

Maître Giles était alors chanoine de Lille et official d'Arras : « Magister Egidius dictus Vinarius (cognomento Vinarius), canonicus Insulensis, tunc officialis Attrebatensis ».

A la même date, décembre 1225, « Egidius canonicus Insulensis, domini Attrebatensis clericus et officialis », déclarait, en cette dernière qualité, la reconnaissance faite devant lui par un bourgeois de Lens d'un droit que celui-ci avait voulu contester à l'abbaye d'Anchin [4].

Dans les procédures de 1232, le chanoine de Lille est qualifié prêtre. Était-il déjà chanoine d'Arras ? On l'ignore.

Ce titre lui est donné en 1234, dans un compromis où il représente le curé de Raches contre le chapitre de Saint-Amé de Douai, au sujet de la dîme d'Anhiers [5].

En 1236, nous le voyons fonder une première chapellenie dans la cathédrale d'Arras. Il désigna comme premier titulaire Jean de l'Abbaye, alors aux écoles. Ce clerc devait s'entendre avec le

[1] Missam facient celebrari... pro me dum vixero, et pro mea, parentum, fratrum, sororum, antecessorum meorum... 1236 oct. — Acte de fondation d'une chapellenie en l'église d'Arras, transcrit sur la feuille de garde d'un évangéliaire de la Bibl. d'Arras, ms. 304 (Quicherat 147), provenant sans doute de cette chapelle. Cf. ms. 1088, p. 21. Extraits du chanoine Galhaut.

[2] A. Duchesne, *Histoire de la maison de Béthune*, preuves 165. Cette parenté est une simple hypothèse.

[3] Bibl. nat., nouv. acq. lat., 1121, n° 79 f° XLVII.

[4] Omnibus ad quos presentes littere pervenerint E. canonicus Insulensis, domini Attrebatensis clericus et officialis, salutem in domino. Noverit universitas vestra quod cum ecclesia Aquicintensis Johannem Boistel, burgensem Lensensem traxisset coram nobis in causam, petens ab eo ut, cum ipse eidem deberet ecclesie duas couppas cerevisie singulis septimanis de redditu annuali ejusdem ecclesie persolvendas apud Lens, etc. 1225 dec. — Arch. du Nord, F. Abb. d'Anchin. orig. sc. — D. Queinsert, qui a copié cette charte, interprète à tort E. par Evrardus au lieu de Egidius. — Bibl. nat., Moreau 136, p. 78.

[5] Universis presentes litteras etc. Compromissum fuit in nos arbitros... coram viris venerabilibus Th. cantore S. Amati Duacensis et E. le Vinier, canonico Attrebatensi, qui prius super ista eadem causa arbitri fuerunt electi a preposito et presbitero supradictis, 1234, in octav. Magdalene.

doyen du chapitre pour la faire desservir par un chapelain, et le surplus des revenus lui serait envoyé à Paris ou ailleurs [1].

Une autre fondation semblable suivit de près la première ; les actes qui s'y rapportent sont compris entre les années 1241 et 1248 ; il lui affectait des terres précédemment achetées à Warlus et à Wailly [2].

Giles le Vinier et Guillaume son frère avaient hérité de leurs parents deux manoirs à Arras, qu'ils possédaient indivisément, l'un dit le *mes* de Baudimont, « mansus de Balduinomonte », l'autre le *mes* de l'Abbaye, rue de la Fontaine, « mansus de Abbatia in vico de Fonte ».

Guillaume le Vinier était clerc, marié et bourgeois d'Arras, « civis Attrebatensis ». Il mourut en 1245 au commencement de l'été. Sa veuve Hauys convola avec un autre clerc nommé Robert de Humbercourt, auquel elle transmit la part indivise de son premier mari dans l'héritage ci-dessus.

Quelques années plus tard, Giles obtenait d'eux que ce patrimoine serait affecté à l'entretien d'une nouvelle chapellenie à fonder en leur nom collectif dans l'église d'Arras [3].

Cette dernière fondation du chanoine chansonnier coïncide avec son départ pour la Terre Sainte, dont la date précise n'est pas connue. S'embarqua-t-il à la suite de Robert d'Artois ? ou, plus vraisemblablement, ne quitta-t-il Arras qu'après le désastre de 1250, chargé, peut-être, de quelque pieux devoir par la veuve du comte ou d'un message confidentiel pour le roi ? Tout ce qu'on peut dire,

[1] Bibl. d'Arras, ms. 304, feuille de garde. — Bibl. nat., *loc. cit.*, n° 93.

[2] En tout, sept chartes, dont deux, l'une en latin (1243), l'autre en français (1248), existent en original aux Arch. dép. du Pas-de-Calais, F. Chapitre d'Arras. — Bibl. nat., *loc. cit.*, f° LIX-LXII, n°° 94-100 et VII, n° 14.

[3] Jacobus, miseratione divina Attrebatensis ecclesie minister humilis, universis etc. Noverit universitas vestra quod magister Robertus de Humbercourt et Hauydis, uxor ejus, relicta quondam magistri Willelmi dicti Vinarii, in nostra propter hoc presentia constituti, recognoverunt quod, cum magister Egidius Vinarius, quondam canonicus Attrebatensis, iter arriperet transmarinum, tam ipse magister E. quam dicti R. et Hauydis ejus uxor communiter ordinaverunt quod mansus de Balduinomonte et mansus de Abbatia situs in vico de Fonte, cum appendiciis eorumdem, qui mansi fuerunt patris et matris dictorum E. et W. et quos magister E. et R. et Hauydis communiter possidebant, in usus unius capellanie in Attrebatensi ecclesia deserviende perpetuo converterentur... etc. MCCLII, mense julio. *Ibid.*, *loc cit.*, f° LXXIII, n°° 116, 117, 131.

en rapprochant les données fournies par les documents, c'est que Giles le Vinier serait mort à Arras, le 13 novembre 1252, sans avoir pu remplir une dernière mission qui lui avait été confiée par Robert d'Artois.

Le comte et l'évêque étant en désaccord sur les limites de leur juridiction réciproque en Cité, le chevalier Robert de Tricoc avait été chargé par le premier, et Giles le Vinier par l'évêque, d'arbitrer cette question litigieuse. Leur enquête était terminée, le procès-verbal remis sous scellés aux mains du bailli, lorsque la mort prévint le prononcé de la sentence. Dans un nouvel arbitrage, Giles le Vinier fut remplacé par le fameux Pierre de Fontaines, bailli de Vermandois [1].

L'obituaire de l'église d'Arras enregistre l'anniversaire du chanoine aux ides de novembre. Outre divers revenus à Pumiers, Camblin, Avesnes, la fondation comprend l'abandon, au profit du chapitre, de la maison qu'il occupait au cloître de Notre-Dame [2]; c'était la première à droite en entrant par le portail de la rue de Baudimont; on l'a divisée depuis pour en faire deux maisons canoniales [3].

[1] Universis, etc. Mathildis comitissa Attrebatensis, salutem in domino. Noverit universitas vestra quod, cum inter reverendum patrem episcopum Attrebatensem, ex una parte, et virum nobilem bone memorie R. comitem Attrebatensem, dominum et maritum nostrum, ex altera, contentio fuisset super porta de vico Malleorum, que barra vocatur, sita in civitate Attrebatensi, tandem, pro bono pacis, compromissum extitit in Reginaldum de Triechoc militem, ex parte dicti comitis, et magistrum Egidium dictum Vinarium, canonicum Attrebatensem, ex parte episcopi supradicti... Ipsi vero in negocio predictos testes juratos ex utraque parte productos receperunt, sed, morte preventi, negocium non terminaverunt; tamen inquisitionem factam et sub sigillis interclusam penes Achardum, ballivum Attrebatensem, dimiserunt. Volentes igitur finem huic contentioni imponi, in decanum Attrebatensem clericum, ex parte ipsius episcopi et Petrum de Fontanis electum ex parte nostra... B. illustrissima Francie regina consentiente, compromissimus... Datum a. d. m° cc° quinquagesimo secundo, mense nov. — Bibl. nat., *Moreau*, reg. 174, f° 1. — Cart. de l'év. n° 339.

D. Queinsert a copié également, toujours d'après l'original, la décision des nouveaux arbitres, datée du mois de mars 1253 (n. st.). *Ibid*, f° 69.

[2] Novemb. Idus : Obitus domini Egidii Vinarii, canonici Attrebatensis, pro quo dantur xliii mencaldos annone, etc. — Item, dedit nobis idem Egidius domum suam que est contigua magno portali, ea conditione, etc. — Bibl. d'Arras, ms. 378, f° 44.

[3] Bibl. d'Arras, ms. du P. Ignace, *Add. aux mém. II*, 192. Voir aussi le *Recueil VII*, 324. Pour ses catalogues des maisons canoniales d'Arras, le P. capucin

Dans ce dernier acte officiel, il est à remarquer que notre chansonnier est qualifié « dominus Egidius », au lieu du titre de « magister » qu'il prit au temps de son officialité et conserva depuis.

Nous ne pouvons mieux terminer cette notice qu'en signalant un portrait de notre trouvère, qui nous garantit, sinon sa ressemblance frappante, tout au moins la forme de son vêtement. On le voit dans une enluminure du manuscrit d'Arras. Il est représenté debout, en face de Simon d'Authie, dans l'attitude d'une controverse poétique ; tous deux portent la couronne des clercs et la robe sans manches, l'un bleue, l'autre violette.

Au-dessous, on lit le jeu-parti qu'il propose à son adversaire :

> Maistre Simon, d'un essample nouvel
> Vous parti ju, etc. [1]

C'est celui qu'a publié M. Louis Passy, comme il a été dit précédemment [2]. Le manuscrit d'Arras lui aurait fourni un texte meilleur.

Cette dernière notice complète l'exhumation biographique d'un groupe de trouvères auquel se rattache toute l'école de nos chansonniers d'Arras dans sa première période, y compris Jean Bodel, réservé pour une étude à part.

Un fait significatif ressort de cette première enquête : ces chansonniers appartiennent tous à l'Église ; trois étaient chanoines, un secrétaire de l'évêché et doyen de collégiale, le cinquième clerc marié.

Certes, à ne voir que le choix de la matière traitée dans leurs vers, on ne songerait pas d'abord à semblable attribution. Mais, si l'on tient compte de la différence des mœurs et de la composition du clergé à cette époque, n'est-il pas naturel de chercher d'abord dans ses rangs, de préférence aux autres classes sociales, les auteurs de ces chansons, qui révèlent une culture littéraire développée, tant par le raffinement des pensées qu'elles expriment, que par la science du langage et le sentiment du rythme qu'elles accusent ?

s'est servi d'un petit cartulaire du chapitre aujourd'hui perdu. Le *Gilles Vinaire* des neuvième et dixième maisons du cloître est une traduction à lui de l'*Egidius Vinarius* du texte.

[1] Bibl. d'Arras, ms. 657 (Quicherat, 139), p. 136.
[2] Bibl. de l'École des ch., 4e série, V, 316.

Et les jeux-partis? A-t-elle donc pu naître ailleurs que sur les bancs de l'école, cette parodie des subtiles discussions scholastiques et des controverses de la basoche, où nous voyons l'esprit gaulois des clercs, en rupture de théologie, appliquer à des questions saugrenues de galanterie la casuistique de leurs maîtres et les procédés folâtres des soutenances quodlibétaires?

Si je ne me trompe, cette première enquête pose un utile jalon pour la suite de nos recherches sur les trouvères artésiens, et, en général, pour l'histoire des poètes chansonniers du nord au xııı^e siècle. Une tradition comme celle-là ne s'éteint pas brusquement au bout d'une génération, et, constatée sur un point, on doit avoir bien des chances de la rencontrer ailleurs.

NOTES COMPLÉMENTAIRES.

(Voir page 6.)

«Innocentius episcopus, servus servorum Dei, venerabili fratri episcopo Attrebatensi salutem et apostolicam benedictionem. Auditis et intellectis litteris tuis et hiis que per dilectos filios Adam, decanum Lensensem et magistrum Johannem de Oisiaco, canonicum, procuratores tuos presentatores earum, fuere proposite coram nobis, super eo quod ad concilium nuper a nobis apud Lugdunum per Dei gratiam celebratum venire personaliter nequivisti, tue devotionis excusationem de benignitate apostolice sedis duximus admittendam. Datum Lugduni xıu kl. augusti, pontificatus nostri anno tertio.» (Bibl. nat., Moreau, CLXIV, 196.)

Cette lettre est du 20 juillet 1245, la clôture du concile avait eu lieu le 17 et l'évêque Asson mourut le 22 mars 1246, et non pas le 27 mars 1245, comme le répète la *Gallia* d'après Ferry de Locre. (Voir Bibl. d'Arras, *Obituaire* ms. 395, April xı kal.

L'acte qui suit fait mention du doyen de Lens en 1451 :

«Jacobus, miseratione divina humilis Attrebatensis episcopus, etc. Noverint universi quod tale est servicium, etc. Ordinatum est istud coram nobis, presentibus fidelibus nostris Adam de Juvenchi, decano Lensensi, et Balduino de Souches, preposito nostro. Actum est de consensu nostro et Herberti, majoris de Galenrue, anno inc. dom. m° cc° quinquagesimo, mense Januario.» (Cartul. de l'évêché, f° cııı, v°.)